# VOLTAIRE

PAR

## GABRIEL GINEK

Le plus beau monument de Voltaire est celui
qu'il s'est érigé lui-même : ses ouvrages.
(*Commentaire historique*. Lettre
de Frédéric II.)

**TROISIÈME ÉDITION**

PRIX : **30** CENTIMES

PARIS
EN VENTE CHEZ TOUS LES LIBRAIRES

1870

# VOLTAIRE

PAR

## GABRIEL GINEK

> Le plus beau monument de Voltaire est celui qu'il s'est érigé lui-même : ses ouvrages.
>
> (*Commentaire historique.* Lettre de Frédéric II.)

TROISIÈME ÉDITION

PRIX : **30** CENTIMES

PARIS

EN VENTE CHEZ TOUS LES LIBRAIRES

1870

« La vie d'un homme de lettres est un combat perpétuel. »

Cette pensée revient souvent sous la plume de Voltaire, et personne n'eut jamais autant de droits à l'émettre que lui. Deux fois embastillé, puis exilé, toujours persécuté mais non lassé, il combattit soixante ans, debout sur la brèche, le bon combat de la vérité. Sa polémique fut opiniâtre, universelle, humanitaire, et c'est là que je trouve le secret de la force et de l'originalité du philosophe. Jamais il ne fit de l'art pour l'art ; il subordonna tout à un but : le bonheur de l'Humanité, réalisé en grande partie, selon lui, par la conquête de la *liberté de penser* et le règne de *la tolérance* sur les ruines des abus et préjugés féodaux, sociaux, religieux.

Ses ouvrages les plus littéraires, loin d'ébranler cette opinion, la confirment. Je les considère comme des machines de guerre, puisque, grâce à eux, Voltaire obtint et conserva, auprès de ses contemporains, le prestige et l'autorité indispensables à la mission qu'il s'était imposée. Ce furent, à proprement parler, ses lettres de naturalisation, ses passeports pour le monde des intelligences ; sans eux, le philosophe eût été exposé à prêcher dans le désert.

Lisez sa *Henriade*, son théâtre, ses histoires, ses poëmes, ses romans, ses contes, etc., le polémiste s'y trahit à chaque page. Sous le pourpoint de Henri IV, la tunique d'Œdipe, la toge de Brutus, la robe orientale de Zopire, d'Arzémon, de Zadig, etc., etc., c'est toujours Voltaire, c'est toujours l'apôtre !...

Nouveau Protée, pour atteindre plus sûrement son noble but, il revêtit toutes les formes, se cacha sous tous les pseudonymes : aujourd'hui, *D$^r$ Goodnatur'd Wellwisher*, *P. Liebaut*, *D$^r$ Ralph*, *Yvan Alethof*, *M. Hut*, *Antoine Vadé*, *abbé Bazin;* demain, *proposant Théro*, *M. Covelle*, *avocat Cassen*, *sieur Tamponnet*, *milord Bolingbroke*, *Huet*, *Bourdillon*, *comte de Passeran*, *abbé Bigorre*, *D$^r$ Obern*, que sais-je !... Quelquefois il se faisait légion, et signait: *Une société de théologiens*, *Chambon*, *Dumoulin*, *Desjardins et Verzenot*, ou *Plusieurs aumôniers de S. M. L. R. D. P.;* le plus souvent, il ne signait pas. Ecrivait-il un de ces ouvrages qui renfermaient l'étincelle destinée à porter l'incendie dans le monde vermoulu des abus, il employait les moyens les plus étranges pour détourner les soupçons. A soixante-treize ans, accablé de travaux, il composait une tragédie[1] afin de se procurer ce qu'il appelait plaisamment *un alibi*. Il se plaignait vivement quand le zèle imprudent d'un ami mettait son nom au bas du livre sauveur. « Il est bien cruel qu'on me nomme, disait-il, c'est m'ôter la liberté de rendre service. Les philosophes doivent rendre la vérité publique et cacher leur personne », restant fidèle à cette habile tactique que je trouve résumée dans cette phrase à Damilaville : « Les chers frères ont la force des lions quand ils écrivent, mais il faut qu'ils aient la prudence des serpents quand ils agissent. »

[1] *Les Scythes.*

Chose étonnante ! Au milieu des fièvres et des entraînements d'une polémique ardente, inouïe, Voltaire est demeuré [1] *non-seulement l'homme de raison, mais encore l'homme de foi de son temps.* Comment a-t-on pu taxer d'incrédulité l'auteur du poëme de la *Loi naturelle*[2], cet éloquent manifeste du déisme et de la morale universelle ; l'auteur du *Principe d'action* et de tant d'autres ouvrages si profondément religieux ? Oui, Voltaire fut croyant, mais à la manière de Socrate, d'Epictète et de Marc-Aurèle. Reconnaissant l'impossibilité de voir jamais se former un peuple de philosophes, il combattit l'athéisme[3] « qui ne peut faire aucun bien à la morale », et écrivit : « Partout où il y a une société établie, une religion est nécessaire : les lois veillent sur les crimes connus, et la religion sur les crimes secrets ! »

Aussi, quand les philosophes nés de son école vinrent à fausser ses principes en les exagérant, on vit le grand démolisseur, devenu l'apôtre de Dieu, se retourner contre eux, et refréner l'impétuosité du torrent au développement duquel il avait si puissamment contribué.

Mais cette même raison qui lui montrait Dieu dans la nature le rendit ennemi des systèmes métaphysiques[4], *de ces ballons gonflés de vent qu'une piqûre d'épingle suffit pour faire évanouir.* Il se contenta de dire ce qui n'est pas, sans céder à la tentation téméraire d'expliquer ce qui est. Cette sage abstention, dictée

[1] Edouard de Pompéry.
[2] Henri Martin.
[3] Voltaire : Lettre sur Spinosa
[4] Voltaire.

par le bon sens, n'a pas été comprise par certains idéologues de notre temps, inventeurs de conceptions abstraites dont ils s'efforcent de cacher la faiblesse sous une phraséologie pompeuse, incompréhensible pour leurs lecteurs et souvent pour eux-mêmes, aussi n'ont-ils pas craint de traiter Voltaire de philosophe superficiel. Plaignons-les, et passons. A mes yeux, cette absence de système métaphysique chez Voltaire lui crée un titre de plus à notre reconnaissance. N'est-elle pas, en effet, la conséquence de cet esprit pratique que l'on remarque dans tous ses actes ? Convaincu que si[1] *l'homme est quelquefois incapable de sciences, il ne l'est jamais de vertu*, le philosophe appliqua ses merveilleuses facultés à tirer la conscience humaine de la torpeur où l'avaient plongée tant de siècles d'oppression, et il y réussit comme chacun sait.

La révolution de 89, son œuvre, n'est pas autre chose que la manifestation éclatante de ce réveil à jamais mémorable ; c'est donc sans orgueil qu'il pu se rendre ce glorieux témoignage :

« *J'ai plus fait en mon temps que Luther et Calvin* »

Voilà Voltaire tel qu'il m'est apparu d'abord, lutteur et croyant ! C'est sous le coup de cette double impression que j'ai écrit ces quelques vers. Je les dédie aux vrais voltairiens, mes frères, sûr qu'ils me liront avec tolérance, alors même que je n'aurais fait que balbutier l'éloge de notre père commun.

[1] Voltaire : *Dictionnaire philosophique, Correspondance générale.*

# VOLTAIRE

Il est un nom que rien ne souille,
Effroi du Zoïle odieux,
Pour qui le Temps n'a pas de rouille,
Qui nous fait croire aux demi-dieux :


Ce nom, symbole de lumière,
Nom qui remplit l'immensité,
N'est-ce pas le tien, ô Voltaire?
Nous te devons la liberté!


Oui, quinze siècles de ténèbres
Avaient abêti les esprits,
Et partout les échos funèbres
Redisaient de sombres récits.

Superstition, Despotisme
Régnaient par le feu, par le fer,
Sans se douter que leur cynisme
Au monde enfanterait Luther !

Mais, de même que l'éclair chasse,
Un moment, la nuit en vainqueur,
Parfois le vrai prenait la place
Du credo de l'inquisiteur :

C'était Rabelais et Montaigne,
Galilée apôtre martyr ;
Qu'en nos cœurs leur mémoire règne !
Elle n'en doit jamais sortir.

Ah ! quelle étrange mascarade !
Dans ces temps de confusion,
Un pape [1] portait la *salade*,
Un roi [2] portait le *capuchon* !...

Des grands menaient joyeuse vie,
Gorgés du fruit de nos sueurs,
Et ne quittaient la folle orgie
Que pour fouailler les travailleurs !

[1] Jules II au siége de la Mirandole.
[2] Henri III.

A leurs appétits gigantesques
Notre sang ne suffisant plus,
Il fallait nous rendre grotesques
Pour ranimer leurs sens obtus.

Chaque jour avait son scandale
A la fois burlesque et hideux :
Ici, le moine, âme vénale,
Se fait marchand au nom des cieux ;

Il tient boutique d'indulgences,
A prix d'or vend l'impunité;
(La révolte des consciences
Mit fin à cette impiété.)

Là, dîme, index, droit de cuissage,
Processions des flagellants,
Aristote nommé seul sage,
Par un arrêt des parlements ;

Plus loin, l'aveugle janséniste,
Bâtard du *docteur africain* [1],
Avec l'aveugle moliniste,
Dispute sur le bon chemin :

[1] Saint Augustin.

Puis, les miracles, les déboires
Du diacre Pâris au tombeau ;...
Mais de ces farces vexatoires
Qui pourrait donner le tableau?

Après l'histoire de la Bulle [1]
Les billets de confession,
Le fanatisme, sans scrupule,
Met le boisseau sur la raison !

Dirai-je les charges vendues,
Les priviléges arrogants,
Par le pauvre les hontes bues,
Les systèmes extravagants?...

Sous l'impôt, la taille et l'usure,
Fermiers, intendants, receveurs,
Dans les champs privés de culture,
Foulant encor les laboureurs,

Et, de leurs mains toujours avides,
Dont le contact fait un désert,
Pressurant tes mamelles vides,
France des Sully, des Colbert?...

1 Bulle *Unigenitus*.

Livrée à ces soifs, à ces haines,
Tu n'avais plus l'amour du beau,
De sang généreux dans les veines,
De pensers mâles au cerveau !...

Quand tout à coup un rire immense
Retentit du fond des cités ;
Salut ! le châtiment commence ;
Tyrans, pharisiens, tremblez !

A bas les masques hypocrites !
Voltaire est né ! Place au penseur
Qui dans vos ombres tant maudites
Lance enfin le flambeau sauveur !

Son rire tue, et c'est justice :
Ne fallait-il pas qu'il vengeât
Les pleurs causés par le caprice,
L'ignorance et le péculat ?

Aimons ce rire intarissable,
Universel, vraiment humain,
Aux creux systèmes implacable,
Frère du *bon sens* souverain,

Soutien dans la fortune adverse,
Et dont l'éclat strident, moqueur,
Redoutable bélier, renverse
Les forteresses de l'erreur !


« *L'homme éclairé deviendra libre !* »
Disait Voltaire, et nos neveux
Au cœur garderont une fibre
Pour son grand rire lumineux ;


Car, sous l'apparence sceptique,
Ne nous laissa-t-il pas en don
L'âme croyante qui n'abdique
Qu'aux limites de la raison ?


Grâce à lui, la réforme utile
Sur *l'insondable* prit le pas ;
De la controverse futile
Ce rire aura sonné le glas.


Le philosophe, à nos folies
Alors qu'il semblait prendre part,
Sur nos misères infinies
Jetait un douloureux regard,

Et, pratiquant la bienfaisance,
Vertu que son siècle inventa,
Nous rappelait par sa présence
L'homme que Térence chanta.


Dans les pleurs il puisait sa force,
Sa séve pour son rude assaut;
Sa gaîté n'était qu'une écorce
Protectrice ; voyez plutôt !


A sa voix, la France crédule
S'adonne à l'esprit d'examen.
Bientôt l'arme du ridicule
Venge les droits du genre humain.


Il parle, et le préjugé croule
Vaincu par ce souffle puissant ;
Il parle, et la vérité roule
Parmi le peuple frémissant !


Pourquoi ces triomphes rapides ?
Comment un homme, dans un jour,
Montre-t-il vos laideurs, vos rides,
Colosses broyés sans retour ?

C'est que, dans sa pitié profonde
Pour l'Humanité qui gémit,
Il a le mot qui brise ou fonde,
Le mot qui console ou punit.

Chez lui, il n'est pas de blessure
Qui ne trouve sa guérison,
Pas de tyran, sa flétrissure,
Pas de haut fait, sa sanction.

Entendez-le dans ses colères
Crier : Peuples au désespoir,
Pour être égaux, libres et frères,
Levez-vous tous ! sachez vouloir !

Fi des critiques partiales
De ce prélat plein de fierté [1]
Qui veut écrire vos annales
Pour en omettre la moitié !

Comment ! Américain, Tartare,
Ne sont-ils pas fils de ce Dieu
Qui fut, par un calcul barbare,
Confisqué jadis par l'Hébreu ?

[1] Bossuet et son *Histoire universelle*.

Vos vrais fléaux, ce sont vos haines :
Sous vos propres coups abattus,
Vous vous êtes forgé des chaînes
Au gré de maîtres corrompus.

Comme le vautour de la Fable [1],
Trop souvent le mal trouve en vous,
Dans les cœurs mêmes qu'il accable,
Un aliment à son courroux.

*Adorez un Dieu ! soyez justes !* [2]
Il suffit. N'ai-je pas traité
L'objet d'éternelles disputes
D'éternelle inutilité ?

Muable est l'erreur : loi suprême
Qui montre aux plus indifférents
La morale partout la même,
Les dogmes partout différents.

N'embrassez donc que la morale,
Seul trait-d'union entre vous,
Et sortez de l'obscur dédale
Des dogmes où vous errez tous !

---

[1] Le Vautour de Prométhée.
[2] Vers de Voltaire.

Que désormais la tolérance,
Vous rangeant sous ses douces lois,
Sonne l'heure de déchéance
Pour le despotisme aux abois !


Laissons aux Pangloss les mirages
Et leurs dures déceptions ;
Pour nous, prévenons les orages ;
S'ils viennent, soyons prêts, luttons !


Hélas ! le bonheur éphémère
Par un souffle, un rien est détruit;
Un instant, il luit sur la terre ;
On pense le saisir, il fuit...


Mais du progrès la loi divine
Reste l'appui des malheureux ;
Que le bien ou le mal domine,
Je dis : « *Faisons que tout soit mieux !* »


Voilà mon œuvre !... En vain sur elle,
Plats valets, vous portez vos bras
Armés de la lime cruelle
Qui se brise mais ne mord pas !...

. . . . . . . . . . . .
. , . . . . . . . . . .

Vit-on spectacle plus sublime?
Le philosophe justicier
Pour toujours lançant dans l'abîme
Votre vieux monde tout entier !


Au moment de quitter l'arène,
Le grand lutteur dut tressaillir
D'une joie immense et sereine,
Les yeux fixés sur l'avenir.


*Quatre-vingt-neuf* grondait dans l'ombre,
L'émeute, à l'horizon lointain,
Autour de la Bastille sombre,
Faisait tonner sa voix d'airain...


Bénie à jamais l'heure sainte
Qui vit tomber tous les abus,
Régner le droit, cesser la plainte
Dans les cœurs meurtris, éperdus !

Nous, venus après les batailles,
Des victoires nous jouissons.
Honneur au maître ! Ses semailles
Ont produit de riches moissons !


Disciples ! gardons l'héritage !
Que le nom de voltairien,
Grâce à nous, passe d'âge en âge,
Synonyme d'homme de bien !

GABRIEL GINEK.

PARIS. — IMPRIMERIE DUBUISSON ET Cⁱᵉ, RUE COQ-HÉRON, 5

www.ingramcontent.com/pod-product-compliance
Lightning Source LLC
Chambersburg PA
CBHW060454050426
42451CB00014B/3311